Conor Breen

# Um estudo qualitativo do pessoal da linha da frente do Irish Addiction Service

Conor Breen

# Um estudo qualitativo do pessoal da linha da frente do Irish Addiction Service

ScienciaScripts

**Imprint**
Any brand names and product names mentioned in this book are subject to trademark, brand or patent protection and are trademarks or registered trademarks of their respective holders. The use of brand names, product names, common names, trade names, product descriptions etc. even without a particular marking in this work is in no way to be construed to mean that such names may be regarded as unrestricted in respect of trademark and brand protection legislation and could thus be used by anyone.

Cover image: www.ingimage.com

This book is a translation from the original published under ISBN 978-3-659-85668-6.

Publisher:
Sciencia Scripts
is a trademark of
Dodo Books Indian Ocean Ltd. and OmniScriptum S.R.L publishing group

120 High Road, East Finchley, London, N2 9ED, United Kingdom
Str. Armeneasca 28/1, office 1, Chisinau MD-2012, Republic of Moldova, Europe
Printed at: see last page
ISBN: 978-620-3-68976-1

# Índice

**Agradecimentos**

Gostaria de agradecer ao Sr. Tom Prenderville pelo seu apoio e orientação ao longo da minha carreira universitária, mas especialmente durante este último ano, estou-lhe muito grato.

Gostaria de agradecer à minha família, aos meus pais James e Philomena, por estarem sempre presentes para mim, ao meu irmão Eamon, por ser um irmão mais velho quando a minha cabeça estava derretida, e, mais importante, à minha filha Emily, que espero que esteja orgulhosa do meu feito.

Para os meus colegas que participaram neste estudo de investigação, obrigado pelo vosso tempo e honestidade, pois sem eles este estudo nunca teria sido realizado. Para os meus colegas de Castle Street, que me aturaram nos momentos de stress dos últimos quatro anos, não tenho palavras para vos agradecer e lembrar-me-ei sempre de vocês.

Para os meus amigos, tanto próximos como distantes, que por vezes me mantiveram sã, obrigada e, finalmente, para todos os meus amigos da DBS, foi uma viagem que não teria sido a mesma sem vocês.

**Resumo**

Esta investigação foi realizada com o objetivo de explorar o impacto que o trabalho como Assistente Geral no Serviço de Toxicodependência na área de Dublin tem num indivíduo. No decurso deste estudo qualitativo, foram realizadas seis entrevistas semi-estruturadas com três assistentes gerais do sexo masculino e três do sexo feminino. A análise temática foi utilizada para analisar os dados através da utilização do software Nvivo 10. Surgiram seis temas a partir dos dados, que foram aprofundados nas secções de conclusões e discussão. A investigação foi a primeira do género a abordar o impacto sobre os Assistentes Gerais no Serviço de Toxicodependência, mas pode contribuir de alguma forma para colmatar a lacuna de conhecimentos e desenvolver ainda mais o papel.

# CAPÍTULO 1

## Revisão da literatura

O objetivo desta análise da literatura é explorar e criticar a literatura relevante no que diz respeito ao impacto que o trabalho na linha da frente do Serviço de Apoio à Dependência na área metropolitana de Dublin e arredores tem sobre um indivíduo. Os indivíduos em questão são os Assistentes Gerais que trabalham nos Centros de Atendimento a Toxicodependentes. Fazem parte de uma equipa multidisciplinar responsável pelo tratamento dos toxicodependentes de opiáceos em Dublim e nos condados circundantes da Irlanda. Os Addiction Centres são financiados pelo Governo e fazem parte do Health Service Executive (H.S.E.) Addiction Service. A equipa multidisciplinar é composta por médicos, enfermeiros, farmacêuticos, conselheiros, funcionários de integração/trabalhadores-chave e assistentes gerais.

A literatura que envolve o papel de um Assistente Geral no Serviço de Apoio à Toxicodependência do H.S.E. é escassa, daí a importância da realização deste estudo de investigação, uma vez que espera preencher, numa pequena parte, o vazio de conhecimentos relativos a este papel. Para efeitos desta revisão da literatura, serão exploradas outras disciplinas que operam e funcionam na linha da frente dos serviços de tratamento que lidam com o uso e abuso de substâncias. As disciplinas em questão são os médicos, os enfermeiros, os trabalhadores-chave, as equipas de cuidados residenciais, os assistentes sociais, os assistentes sociais e os farmacêuticos. Os artigos e estudos que se seguem representam, de alguma forma, os sentimentos e as experiências de outras pessoas na linha da frente dos serviços e que podem também ser sentidos quando se trabalha como Assistente Geral no Serviço de Apoio à Dependência de H.S.E.

A função de assistente geral no serviço de toxicodependência é essencial para o funcionamento eficaz do serviço prestado. O serviço de manutenção com metadona (na sua infância) foi criado para combater a epidemia de heroína que assolou Dublin desde o final da década de 1960. Na década de 1970, existiam serviços de desintoxicação e de abstinência, mas a manutenção com metadona não estava prevista até ao lançamento do Protocolo de Manutenção com Metadona, em outubro de 1998 (Ni Riain & Grassby, n/a, p.1). O Governo considerou que era necessário tomar medidas para combater a epidemia de heroína, que se concentrava principalmente nas zonas urbanas desfavorecidas de Dublim, e estabeleceu o problema da heroína como o principal objetivo da Estratégia Nacional de Luta contra a Droga (END) 2001-2008. A N.D.S. tem cinco pilares: redução da oferta, prevenção, tratamento, reabilitação e investigação. O álcool é agora reconhecido no âmbito da atual estratégia, uma vez que a preocupação do público com o seu consumo excessivo tem vindo a ganhar destaque nos últimos tempos, mas a heroína continua a ser o principal foco. A N.D.S 2009 - 2014 continuou o quadro da Estratégia anterior e "o tratamento e a reabilitação representaram quase 40% das acções da atual Estratégia" (National Drug Strategy, 2009, p.42). Este número mostra a importância que os decisores políticos do Governo da Irlanda atribuem à utilização abusiva de substâncias.

Os Assistentes Gerais são o primeiro ponto de contacto para os clientes, potenciais clientes, outros profissionais e membros do público com questões quando entram num Centro de Toxicodependência. Como Murphy (1998) afirma, o papel do Assistente Geral inclui muitas tarefas, nomeadamente: supervisionar a urinálise; monitorizar a área de distribuição e as áreas de espera; assegurar que os clientes com marcações são informados das mesmas; controlar o acesso à porta principal; monitorizar a central telefónica principal; gerir o stock;

abrir e fechar e garantir a segurança geral do edifício; gerir os resíduos, sejam eles domésticos, de reciclagem ou de risco biológico; e apoiar o pessoal clínico de todas as disciplinas em situações difíceis, de confronto e por vezes violentas (p.2-8). A observação das áreas de receção e de espera é uma enorme responsabilidade para os Assistentes Gerais nos Centros de Dependência, uma vez que muitos incidentes de abuso verbal, violência e tráfico de drogas podem ocorrer se estiverem presentes vários utentes dos serviços e o pessoal deve estar sempre atento a este facto. Uma relação sólida e amistosa, resultante de anos de interação com os utentes, dará invariavelmente aos assistentes gerais uma visão, através de conversas, do que se passa "na rua" em relação a disputas ou discussões e, com este conhecimento, muitos incidentes podem ser contidos antes de se agravarem e colocarem em risco o pessoal e outros utentes. As funções dos assistentes gerais assumem um aspeto mais íntimo quando se trata de supervisionar a análise da urina dos utentes. Este trabalho tem de ser levado a sério, pois alguns indivíduos podem sentir-se desconfortáveis ao urinar para um recipiente em frente de outra pessoa e é aqui que é fundamental construir uma relação saudável e de respeito mútuo com o utilizador do serviço. Esta relação pode ajudar muito a aliviar as suas apreensões e, por vezes, o seu embaraço. A compreensão e uma atitude amigável são a chave para garantir que o processo não se torna um problema para nenhuma das partes envolvidas. Enquanto assistente geral que supervisiona a análise de urina, deve estar sempre atento para garantir que a amostra fornecida é genuína, uma vez que muitas vezes podem ser passadas amostras falsas, o que por vezes pode levar a confrontos, a não ser que o assistente geral lide com elas de forma calma e respeitosa.

O papel do Assistente Geral rege-se pela perspetiva sociológica interaccionista que, como afirmam Harlambos & Holborn (2008), "se centra nas interações em pequena escala e não na sociedade como um todo" e que "os interaccionistas acreditam que é possível analisar a sociedade sistematicamente e que é possível melhorar a sociedade" (p.12). A teoria interaccionista evoluiu ainda mais com G. H. Mead para a Teoria Interaccionista Simbólica, que tenta explicar o comportamento humano e a sociedade humana examinando as formas como as pessoas interpretam as acções dos outros, desenvolvem um auto-conceito ou autoimagem e agem em termos de significados (Harlambos & Holborn, 2008, p.856). Todas as interações que temos como uma raça de pessoas nascem de símbolos e Mead argumentou que os seres humanos se baseiam em símbolos e entendimentos partilhados nas suas interações uns com os outros (Giddens, 2009, p.25). Harlambos & Holborn (2008) também afirmam que os interaccionistas simbólicos acreditam que a estrutura social é fluida e está em constante mudança em resposta à interação (p.856) e que o interacionismo social rejeita, portanto, tanto o determinismo social como o biológico (p.883). O conceito de trabalho emocional foi um desenvolvimento da Teoria Interaccionista Simbólica (Fabianowska & Hanlon, 2014, p.54) e o interacionismo simbólico tem sido provavelmente a abordagem teórica mais influente na sociologia da saúde e da doença (Harlambos & Holborn, 2008, p.285).

Todas as pessoas têm capacidade para a intimidade, a ligação e as relações de carinho" (Giddens, 2009, p.553). As pessoas que se dedicam ao trabalho emocional fazem no por amor a um indivíduo que lhes é próximo e este ato baseia-se na perspetiva primária das relações amorosas. O trabalho emocional não é um trabalho remunerado. O trabalho emocional é, como Lynch (2007) o descreve, trabalho amoroso, e é um "trabalho emocionalmente empenhado" (p.557). Não existe uma recompensa monetária semanal para este trabalho e envolve uma quantidade considerável de energia emocional por parte do prestador de cuidados para continuar a prestar os cuidados adequados aos seus entes queridos. Pode existir uma relação ou um vínculo estreito e íntimo entre as partes envolvidas. Um pai, um cônjuge, um irmão, um parceiro ou um amigo que cuida de um ente querido doente está muitas vezes empenhado neste papel e a ajuda que prestam não pode ser mercantilizada de outra forma que não seja a ligação emocional, e que a relação é o objetivo da própria relação.

Quando o trabalho emocional passa para o local de trabalho, torna-se uma mercadoria e pode ser vendido a troco de um salário. É aqui que o trabalho emocional muda e Hochschild chama a este processo transmutação e explica-o como quando "o trabalho emocional privado sofre uma mudança em público para trabalho emocional... trabalho emocional, portanto, é trabalho emocional usado no local de trabalho para valor comercial (Hochschild, como citado em Theodosius, 2008, p.20). Esta transmutação envolve a perspetiva das relações de cuidados secundários. Um indivíduo reconhece as suas capacidades e existe uma menor obrigação moral e um maior grau de escolha relativamente ao serviço de cuidados que presta em troca de ganhos monetários. O trabalho emocional é particularmente tipificado por três caraterísticas: contacto face a face ou vocal com o público; requer que o trabalhador produza um estado emocional em outro; permite que o empregador, através de formação e supervisão, regule um grau de controlo sobre as actividades emocionais dos trabalhadores (Gray, 2009, p. 349). Estes três pré-requisitos para a constituição de um trabalho emocional são definitivamente preenchidos pela disciplina de Assistente Geral. A interação face a face com os utilizadores dos serviços e com o público, com uma atitude aberta, respeitosa e sem juízos de valor, é uma obrigação no trabalho, como já foi referido. Produzir um estado emocional num utente é uma competência que é aproveitada através de interações. Muitas vezes, os utentes dos serviços encontram-se num estado emocional quando vão ao Centro de Apoio à Dependência, seja em resultado da utilização indevida de substâncias ou de algum problema que os tenha afetado, e cabe ao Assistente Geral, na maior parte das vezes, interagir com o utente e intervir em situações de crise. Isto implica tentar fazer com que o utente fale com ele ou que ele se ligue a qualquer outra disciplina para o ajudar. Por último, a regulamentação do pessoal por parte da entidade patronal deve ser aplicada para lidar com o trabalho emocional nos centros de toxicodependência. Pelo seu próprio nome, as emoções estão envolvidas e, no contexto do Centro de Atendimento à Toxicodependência, onde frequentam os utentes, muitos deles com um passado variado e cheio de problemas, os Assistentes Gerais não podem deixar que a opinião pessoal afecte a sua abordagem profissional.

Theodosius (2008, p.6) afirma, em relação à enfermagem, que muito do "trabalho emocional efectuado é largamente invisível". Este sentimento foi ecoado por Gray (2010), que afirma que "o trabalho emocional é uma ligação quase invisível que o enfermeiro cultiva com o doente" (p.352) e isto é muito verdadeiro no papel dos Assistentes Gerais. Os utentes dos serviços também são pessoas, que passam pela vida tal como qualquer um de nós, mas por vezes as suas vidas podem ser mais caóticas e invariavelmente, por vezes, pedirão ajuda/aconselhamento a um Assistente Geral relativamente a questões que se apresentaram nas suas vidas. Surgem problemas médicos, de relacionamento, emocionais, judiciais, sociais, de habitação e monetários e, por vezes, os assistentes gerais são solicitados a dar conselhos e ajuda e, por vezes, são um ombro para chorar. Estes momentos não são reconhecidos e são invisíveis, mas podem significar muito para o utilizador do serviço e, invariavelmente, só reforçam a relação entre ele e o Assistente Geral. O respeito mútuo e a adoção de uma atitude amigável e sem juízos de valor em relação a todos os utentes que frequentam o Centro de Toxicodependência são uma obrigação, o que pode tornar menos volátil o tratamento de incidentes graves. Esta atitude dos assistentes gerais é apoiada por Wylie (2010), quando afirma que os utilizadores tendem frequentemente a referir-se aos aspectos mais humanistas das relações com o pessoal. Os utentes parecem geralmente valorizar muito uma atitude positiva em relação a eles. As competências interpessoais, como a empatia, a ausência de juízos de valor, a qualidade da interação e a disponibilidade do pessoal são consideradas importantes (p.621).


Tal como referido, por vezes o papel de Assistente Geral pode ser stressante e é importante que todos os membros da equipa sejam apoiados pelos seus colegas em incidentes em que haja abuso verbal, danos à propriedade ou ameaça iminente de violência física. Os assistentes gerais são os membros da equipa multidisciplinar que têm o contacto e a interação mais frequentes com os utentes dos serviços que frequentam os centros de tratamento da toxicodependência e, invariavelmente, são aqueles que têm de dissipar situações voláteis quando estas surgem. Lipscomb et al.,(2012), afirmam que a violência no local de trabalho, definida como "actos violentos, incluindo agressões físicas e ameaças de agressão, dirigidos a pessoas no trabalho ou em serviço" é reconhecida como um risco profissional significativo nos sectores dos cuidados de saúde e dos serviços sociais, o que inclui os serviços de tratamento da toxicodependência (p.47), e que os cuidados de saúde lideram todas as outras indústrias no número de agressões não fatais que resultam em dias de trabalho perdidos nos Estados Unidos, contribuindo com 60% de todas essas agressões (p.47). Este número é espantoso e explica, de certa forma, por que razão os assistentes gerais podem muitas vezes estar stressados ou sentir que a sua satisfação no trabalho está a diminuir e que a negatividade está a infiltrar-se nos seus pensamentos em relação ao seu trabalho. Este efeito sobre os trabalhadores é reconhecido por outros e Knudsen et al., (2008) notaram os elevados níveis de stress associados ao trabalho no terreno e Oyefeso et al., (2008) identificaram mecanismos de apoio deficientes como um fator de stress para o pessoal (como citado em Sheridan, Barnard & Webster, 2011, p.411). O resultado destes factores de stress pode fazer com que os indivíduos entrem em licença por doença ou se envolvam em absentismo, o que permite que as pessoas escapem temporariamente às experiências desagradáveis relacionadas com a sua profissão e recuperem mentalmente, com o efeito secundário de transmitir os custos aos colegas de trabalho e à organização e de fazer com que as organizações desperdicem milhões de dólares todos os anos - correlaciona-se com o esgotamento do stress no trabalho e a culpa decorrente de atitudes negativas para com os clientes (Zogmaister, Roccato & Borra, 2013, p.193). Estas conclusões são também

A literatura de investigação organizacional mais vasta encontrou dois determinantes-chave que têm sido consistentemente associados à rotatividade e às intenções de rotatividade: o stress no trabalho e a insatisfação no trabalho (p.220).

Os utentes dos serviços que frequentam os Centros de Atendimento a Toxicodependentes são indivíduos estigmatizados e vulneráveis na sociedade atual. Este ponto de vista é apoiado por Zogmaister, Roccato & Borra (2013), que afirmam que os profissionais de saúde e os assistentes sociais são frequentemente obrigados a lidar com pessoas estigmatizadas, como as que sofrem de doenças mentais, toxicodependência e obesidade. O seu preconceito em relação às categorias a que estas pessoas pertencem tem consequências importantes, porque afecta negativamente as decisões clínicas e a qualidade do tratamento (Zogmaister, Roccato & Borra, 2013, p.191). Através da prestação de tratamento para a sua dependência, a política governamental visa alcançar a capacitação dos utilizadores problemáticos de drogas em recuperação, para que possam reintegrar-se na sociedade de uma forma consistente com as suas necessidades e expectativas (N.D.S., 2009, p.50). Este processo pode ser longo e árduo, mas, como afirma Hagan (2014), a utilização correta da metadona sob a supervisão de um farmacêutico pode aumentar as hipóteses de os dependentes de heroína funcionarem corretamente no dia a dia (p.30). A procura de tratamento por parte dos utilizadores de serviços pode, por vezes, deparar-se com reacções implícitas por parte do pessoal na linha da frente, como referem von Hippel, Brener e von Hippel

(2008) mostraram que tanto o preconceito implícito como o explícito em relação aos utilizadores de drogas injectáveis previam as intenções dos enfermeiros especializados em drogas e álcool de mudar de emprego (como citado em Zogmaister, Roccato & Borra, 2013, p.191). Este facto realça a necessidade de formação, supervisão e apoio em relação à manutenção de um local de trabalho saudável e à garantia de que o bem-estar do Assistente Geral e, na verdade, de todo o pessoal do Centro de Toxicodependência, é um princípio fundamental para a prestação de um serviço eficaz e profissional. Os resultados clínicos de um paciente dependem da prestação de cuidados de saúde de qualidade (O'Donnell, Livingstone & Bartram, 2012, p.204). Um estudo realizado no Reino Unido por Sheridan, Barnard & Webster (2011), envolvendo o pessoal da linha da frente, concluiu que uma falta de recursos identificada pelos trabalhadores do tratamento foi o facto de sentirem que não eram adequadamente apoiados, o que levou a sentimentos de isolamento, ansiedade sobre a capacidade de fazer o trabalho e uma incapacidade de "desabafar" (p.406) e que, no que diz respeito à supervisão, esta era vista como um sinal de valorização do pessoal, uma oportunidade para receber feedback sobre o seu trabalho e um mecanismo para dar aos trabalhadores uma sensação de segurança através da validação da sua abordagem a determinados clientes (p.409).


A formação contínua dos assistentes gerais do Serviço de Apoio à Dependência é um aspeto importante da prestação de um serviço profissional. Os sentimentos expressos pelo pessoal da linha da frente e os resultados de estudos que envolvem tanto o pessoal como os utentes dos serviços sobre esta questão demonstram essa necessidade. O pessoal profissional com um historial mais longo ou com estudos mais aprofundados na área do consumo de substâncias terá normalmente uma maior compreensão da etiologia subjacente ao consumo problemático (Wylie, 2010, p. 622) e pode empatizar e construir uma relação mais saudável com o utente do serviço. Num estudo sobre o pessoal da Irlanda do Norte, da área da saúde e da assistência social, McLaughlin et al. (2006) refere que o pessoal com baixos níveis de conhecimentos e competências tem pouca consideração pelos consumidores de substâncias e sente-se incapaz de lidar com o contacto regular com eles (como citado em Wylie, 2010, p. 622). Fabianowska & Hanlon, (2014) concluíram que os trabalhadores [pessoal da linha da frente da redução de danos] sentem que o atual nível de formação ministrado não os dota de um conjunto de competências e de uma base de conhecimentos suficientes para desempenharem bem as suas funções e garantirem o seu bem-estar (p.63), e que os limites e a distância profissional nem sempre protegem o eu emocional dos trabalhadores (p.60). É fundamental uma formação adequada para permitir que o pessoal lide com as emoções negativas que podem surgir do trabalho num serviço que depende exclusivamente do trabalho emocional e, embora existam serviços de apoio no Health Service Executive, o estigma associado ao acesso a esses serviços pode ser um fator que impede o pessoal de o fazer. Bogo, Tufford & King (2011) descobriram que, no que diz respeito às equipas multidisciplinares, quando a equipa era colaborativa, o isolamento era substituído por apoio, ligação e maior satisfação no trabalho (p.213). O apoio no local de trabalho foi significativamente correlacionado com a satisfação no trabalho e o stress no trabalho. Ou seja, os trabalhadores que relataram baixos níveis de apoio no local de trabalho também relataram baixos níveis de satisfação no trabalho e altos níveis de stress no trabalho. A importância das relações sociais positivas no trabalho não pode ser subestimada. Medidas simples e económicas, como a promoção de relações de apoio a todos os níveis, podem produzir melhorias importantes no ambiente de trabalho (Duranisingham, Pidd & Roche, 2009, p.230).

O trabalho emocional, a formação, o apoio e a educação desempenham um papel importante na prestação de cuidados pelos assistentes gerais nos centros de toxicodependência da área de Dublim. O papel é stressante e, por vezes, os assistentes gerais podem estar envolvidos em incidentes com utentes do serviço que são caóticos no seu consumo de drogas, podem ser mentalmente instáveis e, por vezes, têm tendências violentas. As pessoas comuns, que não exercem a profissão de prestador de cuidados, considerariam surreais as situações em que os assistentes gerais se encontram no decurso do seu dia de trabalho e, invariavelmente, achariam difícil lidar com elas, mas essa é a natureza da besta, por assim dizer. Os assistentes gerais prestam um serviço como parte de uma equipa multidisciplinar e o impacto individual que têm sobre os utilizadores do serviço e vice-versa deve ser abordado e explorado exaustivamente através da investigação e é por isso que esta tese de investigação é necessária e contribuirá de alguma forma para preencher a lacuna de conhecimento.

# CAPÍTULO 2

## Método

2.1 Conceção

A natureza deste estudo de investigação foi qualitativa e procurou responder à pergunta de investigação: "Qual o impacto que o trabalho na linha da frente do tratamento de manutenção com metadona tem sobre o pessoal assistente geral dos centros de toxicodependência na área de Dublin? Uma vez que o grupo de participantes a escolher era pequeno, considerou-se mais eficaz e os resultados seriam mais aprofundados através do emprego de técnicas de investigação qualitativa. Esta decisão foi apoiada por Hennick, Hutter & Bailey (2011), que afirmam que, devido à natureza aprofundada da investigação qualitativa, são necessários poucos participantes no estudo, uma vez que o objetivo é obter informações em profundidade (em vez de fôlego), "explorando" profundamente cada participante para conhecer as suas experiências sobre o tema da investigação (p.17).

O processo de recolha de dados foi efectuado através de entrevistas semi-estruturadas, o que se deve ao facto de a investigação qualitativa ser carateristicamente exploratória, fluida e flexível, orientada para os dados e sensível ao contexto (Mason, 2002, p.24). O questionário aplicado aos participantes consistia em vinte e cinco perguntas (ver Anexo 3), variando entre perguntas abertas e perguntas fechadas. Foram feitas algumas perguntas improvisadas a alguns participantes com o objetivo de explorar as suas respostas mais profundamente no decurso da entrevista. Foram explorados todos os aspectos do papel do participante como Assistente Geral e o impacto que o trabalho teve sobre ele.

2.2 Materiais

Foi elaborado um questionário de entrevista (ver Anexo 3) em conjunto com o orientador, a fim de obter os dados mais relevantes para responder à questão de investigação colocada. A pergunta de investigação foi concebida após o culminar da revisão da literatura, que recorreu a textos académicos, artigos de jornais revistos por pares, relatórios governamentais e sítios Web respeitáveis para estabelecer o conhecimento existente sobre o assunto.

2.3 Aparelhos

Foi utilizado um gravador de voz digital Olympus (VN-711PC) para gravar as entrevistas com os participantes e, depois de concluídas, estas entrevistas foram transcritas literalmente para um documento Word e guardadas num computador portátil protegido por palavra-passe. O Nvivo 10, o software de análise de dados assistida por computador (CAQDA) utilizado pela Dublin Business School, foi então utilizado para a importação de todas as entrevistas para o programa. Este programa permitiu ao investigador codificar cada entrevista e estabelecer determinados temas à medida que foram surgindo ao longo do processo. O resultado final foram os dados utilizados para compilar este estudo de investigação.

2.4 Participantes

A amostra de participantes para este estudo de investigação era composta por seis indivíduos irlandeses caucasianos, três homens e três mulheres. A proporção entre os géneros foi intencionalmente escolhida para obter uma representação equilibrada da atitude e do efeito que o papel de Assistente Geral tem sobre um indivíduo. Os participantes tinham um total combinado de oitenta e dois anos de experiência no Serviço de Apoio à Dependência (variando entre dez e dezoito anos) e as suas idades variavam entre os trinta e dois e os sessenta anos. Todos os participantes trabalham em vários centros de toxicodependência da cidade de Dublin e dos subúrbios circundantes.

2.5 Procedimento

Todos os participantes eram conhecidos do investigador a nível pessoal, pelo que, após um telefonema ou uma conversa inicial com cada um deles, o investigador enviou por fax uma carta informativa (ver Anexo 1) a cada participante, descrevendo o objetivo do estudo de investigação para lhes dar uma ideia do que estaria envolvido. Após a confirmação da sua participação no estudo, foi marcada uma data e uma hora para cada entrevista. As entrevistas foram marcadas de modo a facilitar os horários dos participantes e as marcações foram iniciadas pelos participantes, para sua adequação e conveniência. Após a apresentação de uma carta a pedir autorização para realizar a investigação com o pessoal do H.S.E. (ver Anexo 4), a autorização foi concedida pelo Grupo de Governação Clínica do Health Service Executive. Antes de cada entrevista, teve lugar uma conversa informal para garantir que o participante se sentia confortável, à vontade e compreendia que o que dissesse seria tratado com a maior confidencialidade e que o anonimato e a discrição seriam respeitados. Uma vez que o investigador conhecia pessoalmente todos os participantes, foi-lhe assegurado que este estudo era um trabalho de investigação importante, como nunca tinha sido efectuado antes em relação à disciplina de Assistente Geral e que, independentemente da sua opinião sobre o investigador, a realização deste estudo era de extrema importância e seria tratada como tal. Em seguida, os participantes assinaram um formulário de consentimento (ver Anexo 2).


As entrevistas foram realizadas, como já foi referido, com um gravador de voz digital Olympus e duraram entre vinte e dois minutos e uma hora e trinta e seis minutos. O investigador não se conformou com quaisquer restrições de tempo, uma vez que, no decurso das entrevistas, se sentiu que o processo em si era terapêutico para os participantes e o investigador também sentiu que o maior número de dados recolhidos seria benéfico para o estudo. As entrevistas completas foram depois transcritas literalmente para um documento Word, importadas para o programa Nvivo 10 e analisadas. Toda a informação foi guardada num computador portátil protegido por palavra-passe.

2.6 Análise de dados

A análise de dados qualitativos envolve um processo de imersão nos dados, através do qual é possível identificar e interpretar as experiências dos participantes no estudo (Hennick, Hutter & Bailey, 2011, p.205). As entrevistas foram introduzidas no Nvivo 10 e lidas e relidas antes de os códigos (dados individuais das entrevistas) serem extraídos e analisados. Esta análise dos dados codificados formulou tematicamente os temas que se tornaram a base do estudo de investigação e que foram desenvolvidos posteriormente.


2.7 Considerações éticas

As considerações éticas desempenharam um papel importante neste estudo de investigação. As diretrizes éticas das Diretrizes Éticas para a Investigação com Participantes Humanos da Dublin Business School foram respeitadas, tendo sido obtido o consentimento por escrito, proporcionado um ambiente seguro, a opção de se retirar do estudo em qualquer altura e a realização de uma reunião de esclarecimento após a conclusão da entrevista. Uma vez que todos os participantes conheciam pessoalmente o investigador e que o número de assistentes gerais no Health Service Executive era tão reduzido, a confidencialidade era de importância primordial. Foram dadas garantias de que não seriam utilizados nomes e de que não seriam incluídos no estudo de investigação quaisquer dados identificáveis que pudessem levar à identidade do participante.

Dado que o serviço de toxicodependência em que todos os participantes trabalham é também um serviço confidencial, a proteção da informação dos utilizadores do serviço foi também de grande importância, uma vez que a divulgação de pormenores específicos teria violado o contrato e as normas profissionais. Todos os participantes, depois de concluída a entrevista, foram informados pelo investigador para garantir que quaisquer sentimentos adversos ou negativos que tivessem surgido durante a entrevista não os tinham afetado negativamente. O investigador encorajou-os a telefonar-lhe em qualquer altura após a entrevista, caso surgissem sentimentos adversos. A segurança dos participantes foi a principal preocupação na realização deste estudo de investigação.

# CAPÍTULO 3

## Conclusões

3.1  Introdução

A função de Assistente Geral é parte integrante do funcionamento efetivo de qualquer Centro de Atendimento a Toxicodependentes. Sem esta disciplina, a eficácia do serviço prestado e a saúde e segurança de todos os membros da equipa multidisciplinar e dos utentes estariam em perigo. Os assistentes gerais são a linha da frente do serviço. São os homens e as mulheres que constituem o primeiro ponto de contacto com os utentes, os profissionais de saúde, o público ou o pessoal externo quando entram num centro de tratamento de toxicodependências. O objetivo deste estudo é avaliar os sentimentos, as percepções e as atitudes dos Assistentes Gerais em relação ao seu papel e ao serviço como um todo. No decurso desta investigação, os seis temas principais seguintes emergiram dos dados:

- O papel de um assistente geral.
- Fazer parte da equipa multidisciplinar.
- Aspectos negativos do trabalho.
- Stress associado ao trabalho e aos serviços de apoio.
- Trabalho emocional.
- Formação e alterações que possam ser introduzidas na função.

3.2 O papel de um Assistente Geral

Como já foi referido, os assistentes gerais são pessoal da linha da frente e a sua função é assegurar que o serviço prestado no Centro de Atendimento a Toxicodependentes funcione sem problemas. As tarefas físicas desempenhadas são, de facto, normais em todos os centros de toxicodependência, mas cada indivíduo traz mais para o trabalho e a sua compreensão do papel é crucial para isso.

"Eu definiria a função como muito importante, porque é a primeira pessoa que o cliente encontra quando entra pela porta e ajuda ser amigável. As funções podem ser a supervisão de amostras, a supervisão da metadona [consumida pelos utilizadores do serviço], a supervisão dos clientes que vão aos enfermeiros e aos médicos. Também manter o local limpo e arrumado e trazer para fora os resíduos clínicos e ajuda se tivermos um bom sentido de humor" (GAI).

A lista de tarefas acima mencionada foi repetida por todos os participantes nas suas entrevistas, mas o papel é mais do que isso. A interação próxima que os assistentes gerais têm com os utilizadores dos serviços é uma das chaves da sua eficácia na manutenção de um ambiente clínico agradável e seguro.

"Bem, em primeiro lugar, o papel de um Assistente Geral começa no momento em que uma pessoa entra pela porta.

Passaríamos cerca de 80% do nosso tempo com um cliente, o que seria mais do que qualquer outra disciplina" (GA5).

Isto facilita a construção de relações que ajudam os assistentes gerais a ir além do âmbito delineado do seu trabalho e a ter um impacto e ajudar os utentes dos serviços que passam por momentos difíceis devido a doença ou questões pessoais.

"O papel que temos neste momento, que pode ser por vezes a intervenção em situações de crise no terreno, e desempenhamos um papel de liderança nisso, certificando-nos de que eles [os utentes] estão bem e apontando-lhes a direção certa. Os outros membros da equipa não vêem isso, apenas nos vêem a trazer alguém para uma consulta, mas não vêem a intervenção em situações de crise que fazemos no piso, o que acontece, pode ser vinte ou trinta vezes por dia" (GA4).

"Já tivemos de limpar sangue derramado, vómito, fezes, tivemos de limpar tudo e continuamos a fazer o que é justo, o nosso estômago estaria a revirar, mas é o que fazemos" (GA3).

Esta relação estreita é a pedra angular da função e os limites são importantes no contexto clínico e são, como todos os participantes atestaram, respeitados fora do trabalho se houver interações com os utilizadores dos serviços. Os limites profissionais existem para a segurança e integridade profissional do Assistente Geral e a sua importância é profunda.

"Penso que, para a nossa própria segurança e proteção, temos de ter limites pessoais e, eh, penso que os clientes os respeitam" (GA3).

3.3 Fazer      parte da equipa multidisciplinar

Enquanto membros da equipa multidisciplinar dos centros de toxicodependência, os assistentes gerais desempenham o seu papel no tratamento dos utentes. O sentimento dos assistentes gerais é variado no que diz respeito à sua perceção no seio da equipa. A intimidade da sua relação com os utentes permite-lhes obter informações sobre as suas vidas que não podem ser comunicadas ao pessoal médico ou a outro pessoal clínico.

"Não vêem a importância de ser um G.A. Não vêem o trabalho que fazemos como tal... as casas de banho são como uma caixa de confissões e eles [os utilizadores dos serviços] contam-nos tudo lá dentro. E são informações que os médicos ou os enfermeiros não recebem e que os G.A. recebem" (GAI).

"Na verdade, recebemos muita informação deles [utilizadores dos serviços]. Ficamos a saber o que se está a passar com eles sem que eles vão ver o conselheiro, a enfermeira ou o médico. Temos muita informação antes mesmo de eles chegarem a essa fase" (GA3).

A relação íntima cultivada ao longo dos anos de permanência no serviço dá aos assistentes gerais uma maior perceção e um maior nível de confiança com o utilizador do serviço.

"A relação que temos com os clientes, nenhuma outra disciplina tem a mesma relação que nós temos e não é utilizada em benefício do utilizador do serviço, do pessoal e da equipa, pelo que penso que o serviço está a perder muito com isso" (GA4).

Os dados revelam sentimentos negativos em relação à forma como os assistentes gerais são vistos.

"Acho que nos vêem apenas como segurança em caso de luta" (GAI).

"Vêem-me geralmente como um ajudante ou uma pessoa que supervisiona amostras femininas, eu vejo-me como muito mais do que isso" (GA3).

"Sinto que não somos reconhecidos por todas as pequenas mas grandes coisas que fazemos. Pessoalmente, sinto-me mesmo subvalorizado" (GA3).

"Penso que existe um pouco de ciúme, embora nunca nos seja dito, entre todas as outras disciplinas e os assistentes gerais, porque conseguimos controlar as situações, por mais difíceis que sejam" (GA5).

"A política dita que, se houver um incidente na clínica, todas as disciplinas devem vir para o piso. A história tem mostrado que os assistentes gerais são deixados a tratar do assunto sozinhos. Ainda não me envolvi num incidente com um cliente em que qualquer outra disciplina, para além dos Assistentes Gerais, viesse para o piso ajudar" (GA5).

Em relação às reuniões semanais da equipa clínica multidisciplinar que se realizam para discutir os utentes e o seu tratamento, os participantes consideraram que os assistentes gerais deveriam ter voz nestas reuniões, mas foram excluídos.

"Penso que devemos ter uma voz nas reuniões da equipa clínica. Acho que é muito importante. Acho que as decisões estão a ser tomadas sem o conhecimento de toda a equipa" (GA4).

"Sem dúvida, sem dúvida, não confiam em nós...! penso que somos muito subvalorizados como profissão, somos muito subvalorizados" (GA5).

Os assistentes gerais consideraram que o seu papel no seio da equipa multidisciplinar poderia ser abordado apenas com algumas ligeiras alterações às estruturas existentes.

"Algumas clínicas têm uma abordagem de equipa multidisciplinar muito boa, em que todos os membros da equipa estão envolvidos, outras clínicas nem por isso. É bastante liderada pelos médicos de clínica geral e nós estamos no fundo da cadeia alimentar e, mais uma vez, somos vistos como mais ou menos seguros" (GA4).

3.4 Aspectos negativos do trabalho

Todos os participantes reconheceram que os utentes dos serviços são um grupo caótico, marginalizado, vulnerável e difícil de trabalhar, mas o nível de abuso sofrido por este pessoal da linha da frente é, por vezes, injustificado e pode ser difícil de lidar.

"Provavelmente estariam chateados com outra pessoa [outro membro do pessoal] e seriam abusivos, mas seriam abusivos para toda a gente" (GA2).

"Houve um incidente em que dois rapazes me ameaçaram, ameaçaram seguir-me até casa. Esses dois rapazes em particular eram bastante perigosos e eram desagradáveis, eram mesmo desagradáveis, por isso, sim, tive muito medo" (GA3).

"Recentemente, alguém [utilizador do serviço] não foi autorizado a entrar pela porta e ameaçou-me, disse que me ia cortar a garganta... Seguimo-los pela câmara e parecia que iam esperar por mim para me fazerem mal e isso abalou-me" (GA4).

"Eu disse-lhe [ao utilizador do serviço] que estávamos fechados e ele ameaçou-me, eh, ele ia arrastar-me lá para fora e dar-me um murro na cabeça... Senti a gravidade da situação, fiquei mesmo aterrorizada...! fiquei mesmo com medo e já me atiraram caixotes do lixo, já me ameaçaram de morte, mas não com o veneno que me aconteceu no ano passado" (GA5).

"Fui esmurrado, pontapeado" (GA6).

Quando se aceita a vulnerabilidade dos utilizadores do serviço, há também a consciência de que o grupo de indivíduos que acede ao tratamento pode ser violento e imprevisível e que a violência e a agressão fazem parte do serviço.

"Muitos criminosos graves, pessoas que sabemos serem procuradas por homicídio e violação e raptos de tigres e tudo o mais, até pessoas que roubam uma garrafa de vodka no Lidl, sabe, encontramos de tudo" (GA3).

"A quantidade de incidentes nos últimos dois anos aumentou muito mais do que nos dois anos anteriores, parece haver muita violência, abuso e agressão, e em particular no último ano aumentou" (GA4).

A resiliência dos assistentes gerais é um fator essencial para o seu sucesso no desempenho das suas funções. Muito poucas profissões na Irlanda contemporânea têm de lidar regularmente com este nível de agressão e violência e há uma aceitação deste comportamento como normal e como uma "ocorrência quotidiana" até certo ponto. Esta aceitação foi expressa por vários participantes e o facto de os assistentes gerais se institucionalizarem, através do tempo que passam nos centros de toxicodependência e do nível de incidentes graves que testemunham.

"Sim, mas a maior parte deles vinha pedir desculpa no dia seguinte, por isso esquecemos o assunto" (GA2).

"É horrível, é assustador, é assustador porque não é normal e tu, tu ficarias, muito, institucionalizado" (GA3).

"Tornamo-nos como os utilizadores dos serviços, institucionalizamo-nos, na minha opinião, e depois se, por exemplo, estivermos sentados em casa a ler o jornal e virmos um processo judicial a decorrer, em que outras pessoas ficariam extremamente chocadas, pensamos 'ah, não é assim tão mau'. Sabe, coisas estúpidas como essa" (GA4).

"Fui asfixiado. Fui ameaçado com uma faca. Já fui ameaçado de ser esfaqueado com uma caneta. Já me cuspiram em cima, mas sim, não me afecta muito em termos de trabalho" (GA6).

## 3.5 Stress associado ao trabalho e aos serviços de apoio

Os assistentes gerais estão envolvidos na maioria dos incidentes de abuso, agressão e violência nos centros de toxicodependência e, durante estes incidentes, as tensões são elevadas para todos os envolvidos. Quando lhes foi perguntado se alguma vez se sentiram stressados em relação ao seu trabalho, todos os participantes responderam afirmativamente.

"Sim, senti-me definitivamente stressado" (GAI).

"Sim, acho que, por vezes, nos desgasta... ver fisicamente as crianças a serem retiradas aos pais e colocadas em famílias de acolhimento. Isso foi bastante stressante" (GA2).

"As pessoas pensam que somos fracos, eu consigo lidar com o meu trabalho, mas quando estamos sempre a receber insultos pessoais e agressões verbais pessoais, é difícil lidar com isso, isso afecta-nos" (GA3).

"Sim, nos últimos dois anos, sem sombra de dúvida... Sim, especialmente no último ano tem sido bastante stressante" (GA4).

"Sim, houve algumas vezes em que me senti stressado" (GA5).

"É um trabalho stressante. É um trabalho muito stressante em certos aspectos, diria que fico stressado provavelmente com uma ou duas coisas por semana" (GA6).

Em relação ao stress e aos incidentes que ocorrem, existe uma rede de apoio de gestores de linha no Serviço de Toxicodependência, mas os participantes têm opiniões divergentes sobre a estrutura.

"Diretores de linha, sim. Assistentes gerais sénior, sim, sem dúvida. Se alguma vez tive um problema, eles resolveram-no sempre" (GA2).

"Sim, neste momento o apoio existe, os três anos anteriores foram muito difíceis para mim. Não estava, não podia, não me sentia à vontade para pegar no telefone e falar com o meu superior hierárquico" (GA4).

"Não é um mau emprego, mas se tivéssemos o apoio que é suposto termos, seria muito melhor" (GA5).

Existem também serviços de apoio no âmbito do H.S.E. sob a forma de Saúde Ocupacional e os Assistentes Gerais podem aceder a estes serviços em qualquer altura, quer por auto-referência, quer por indicação de um superior hierárquico. Os serviços médicos e de aconselhamento estão disponíveis para qualquer pessoa que tenha estado envolvida num incidente e necessite de tratamento. Dois dos participantes não se aperceberam de que este serviço estava disponível para eles, mas dos outros quatro houve avaliações mistas relativamente à utilização e eficácia do serviço.

"Tive acesso a eles uma ou duas vezes. No geral, não achei que fosse muito útil, senti que o tipo, não sei se estava apenas à espera da reforma...! senti que ele me estava a apaziguar e a tentar manter-me feliz. Ele estava a acenar com a cabeça como um cão, porque não fazia a mínima ideia de onde eu vinha" (GA3).

"Não me arrependo de o ter feito, independentemente do que os outros pensem, e encorajaria sempre alguém que tenha passado pelo que eu passei naquela noite a ir em frente" (GA5).

"Foi bom tê-lo feito e há um certo tipo de consolo no facto de podermos falar com alguém se quisermos e eu voltaria a ir se sentisse que precisava" (GA6).

As profissões de prestação de cuidados são vistas como um trabalho feminino, mas como Assistente Geral existe um ethos masculino hegemónico em torno da função, uma vez que as exigências da mesma consistem em lidar com utilizadores agressivos e problemáticos. de controlo, autoridade e força de vontade. Um participante sentiu que o acesso aos serviços de apoio o estigmatizava aos olhos dos seus colegas.

"Se recorrermos a estes serviços de saúde ocupacional e ao conselheiro, penso que somos vistos pelos nossos colegas como fracos e como se não conseguíssemos lidar com a situação e estivéssemos a ficar stressados por nada, o que nos leva a outro tipo de problemas... os nossos colegas, especialmente os colegas do sexo masculino, vêem isso como fraqueza" (GA3).

## 3.6  Trabalho emocional

Apesar de todo o negativismo que rodeia a profissão de assistente geral, todos os participantes responderam "sim" à questão colocada sobre se gostavam ou não do seu trabalho.

"Adoro o meu trabalho, de facto adoro. Se fosse preciso, adorava-o e gostava de o fazer, mas estamos a lidar com pessoas disfuncionais. Estamos a lidar com, eh, extremos de saúde mental, desde depressão, ansiedade suicida a doenças psiquiátricas graves, mas sim, adoro o meu trabalho" (GA3).

"Sim, por acaso até gosto...I gosto muito, sim" (GA6).

Alguns dos incidentes com que os assistentes gerais têm de lidar, envolvendo os utentes dos serviços, podem ter um efeito emocional sobre eles, mas são estas interações cara-a-cara que fazem um bom assistente geral, uma vez que estão lá para ajudar os utentes dos serviços o melhor que podem. A intervenção em situações de crise a que os assistentes gerais se dedicam foi explorada anteriormente, mas as pequenas interações "invisíveis" do dia a dia podem ter um efeito retumbante nos utentes dos serviços.

> "Uma rapariga veio cá depois de ter sido violada e era um sábado ou um domingo de manhã e eu estava a tentar telefonar para vários sítios para ela, mas não havia nenhum sítio para onde a rapariga pudesse ir a não ser o A & E e isso incomodou-me" (GAI).

> "Fazemos a diferença na vida de uma pessoa quando ela entra pela porta e a minha vida, comparada com a vida dela, é muito melhor e basta dizer-lhe uma pequena coisa para que faça uma enorme diferença. É provavelmente por isso que ainda estou no emprego, porque é a única coisa que me mantém" (GA4).

> "Gostaria de os ajudar um pouco mais a tirar o melhor partido do seu tratamento" (GA6).

Uma das chaves para o trabalho emocional como Assistente Geral é produzir um estado emocional no utilizador do serviço e isto é muitas vezes conseguido através da comédia e do humor nas interações e pode forjar uma ligação que pode ser utilizada mais tarde.

> "Gosto de me rir um pouco com os clientes, não de uma forma maldosa ou que eles sejam o alvo da piada, apenas de me rir, apenas de brincar com algo que, tenho a certeza, se pode ver por vezes pela sua reação que provavelmente não o fazem [com pessoas comuns]" (GA6).

Muitos sentimentos surgiram durante o processo de entrevista e os dados estão repletos de sentimentos íntimos e frases que mostram até que ponto os Assistentes Gerais estão em contacto com os utilizadores dos serviços e até que ponto compreendem o seu papel e o impacto que pode ter.

> "Teria compaixão por eles porque acho que podia ter sido eu" (GA2).

> "É preciso ter compaixão e, como já disse, respeito, empatia e dignidade para com o cliente" (GA3).

> "Compreender que se trata de uma dependência. Dar ajuda, compreensão e estar preparado para ouvir" (GA5).

## 3.7 Formação e alterações que poderiam ser introduzidas na função

Todos os participantes responderam "sim" quando lhes foi perguntado se consideravam que poderia ser ministrada mais formação. Todos os participantes consideraram que a formação ministrada aos assistentes gerais ficou aquém das expectativas e era inadequada para o serviço e para o papel que desempenhavam.

"Não fiz muita formação. Só fiz mesmo o CPI (Prevenção de Crises Intervenção) e a Dignidade no Local de Trabalho. Não, fui diretamente para o trabalho e pronto" (GAI).

"Não houve formação. Somos atirados para o fundo do poço e todas as pessoas com quem falei desde então tiveram a mesma experiência" (GA3).

"A formação do ponto de vista dos G.A. é inadequada, mas penso que a maioria dos G.A. aprendeu o seu ofício através de experiências de vida, de estar no terreno, na clínica, e de aprender com os seus colegas" (GA4).

Os participantes consideraram que, devido aos graves problemas de dependência e de saúde mental com que contactam regularmente, era necessária mais formação para a sua própria segurança e para a dos utilizadores dos serviços.

"Outra coisa é lidar com pessoas que estão intoxicadas com qualquer substância. Nunca fui treinado para lidar com alguém que está a consumir heroína, cocaína, comprimidos, álcool, A porcaria psicótica que eles [utilizadores do serviço] tomam. Não sei, nunca tive formação, é apenas o meu instinto" (GA3).

"Nós não temos formação para lidar com pessoas e essa é uma das grandes falhas deste serviço, uma das maiores falhas deste serviço, e são as pessoas que são psiquiátricas... nos dez anos em que estou no ativo isso nunca foi falado ou abordado de todo" (GA5).

No que diz respeito às mudanças no papel do assistente geral, a melhoria das competências e mais formação foram os pontos mais importantes. Uma mudança de título foi fortemente sentida por um participante.

"O nome não é muito profissional, é de facto embaraçoso...! penso que o papel, o nome, o nosso título é de facto muito humilhante. É de facto muito degradante e desrespeitoso e não engloba nada do que fazemos, não engloba mesmo" (GA3).

As mudanças mencionadas pelos participantes também incluíram a ideia de talvez diversificar o papel de alguma forma, de modo a que a experiência e as relações construídas ao longo de muitos anos pudessem ser maximizadas em benefício do utilizador do serviço.

"Eu sei que o fazemos, mas é preciso que sejamos mais reconhecidos por o fazermos. Não como um trabalhador-chave, mas apenas ligando-os a sítios [diferentes serviços]. Se tivéssemos a capacidade de o fazer, talvez o trabalho valesse mais a pena" (GA2).

"Penso que temos um papel muito mais importante a desempenhar no que diz respeito a toda a clínica e que deveria ser um cargo reconhecido, quer se trate de um diretor clínico... e penso que esse papel poderia ser reforçado de forma muito mais formal" (GA4).

"Não vejo por que razão um G.A. não pode assumir o papel de agente de intervenção em situações de crise, seja qual for a forma de o descrever, ou o primeiro porto de escala para qualquer problema que um utilizador do serviço possa ter" (GA4).

"Na maior parte dos casos, todos os G.A. são profissionais e eu gostaria de nos ver a fazer um pouco mais. Penso que poderíamos dar formação e ajudar os clientes a tirar mais partido do seu tratamento. Quer dizer, nós somos a linha da frente. É uma daquelas coisas, nós vemos tudo" (GA6).

# CAPÍTULO 4

## Discussão

4.1 Introdução

O objetivo deste estudo de investigação era explorar o impacto do trabalho na linha da frente do tratamento de manutenção com metadona na área de Dublin. Este estudo de investigação qualitativa centrou-se em homens e mulheres que pertencem à categoria de Assistentes Gerais no Serviço de Apoio à Dependência do H.S.E.. Não existia investigação aprofundada nem dados especificamente relacionados com o papel dos Assistentes Gerais, embora, no decurso da investigação e da redação da revisão da literatura, tenham sido analisados dados relativos a outras disciplinas no domínio da toxicodependência e tenham sido feitas comparações e apoiadas as experiências dessas disciplinas e as dos Assistentes Gerais.

Da revisão da literatura emergiram seis temas. Os seis temas foram: o papel do Assistente Geral; fazer parte da equipa multidisciplinar; aspectos negativos do trabalho; stress associado ao trabalho e aos serviços de apoio; trabalho emocional; e formação. Estes temas foram apoiados pelos dados recolhidos através das entrevistas qualitativas aprofundadas que foram realizadas com seis Assistentes Gerais e que foram depois analisadas tematicamente para determinar as conclusões. Os temas que emergiram da revisão da literatura foram apoiados pelos resultados, com exceção das alterações que poderiam ser introduzidas na função. Estas conclusões dão-nos uma visão perspicaz do papel do Assistente Geral na sua perspetiva e também do impacto que o trabalho com um grupo tão marginalizado nos Centros de Toxicodependência tem sobre esses homens e mulheres, como indivíduos e como grupo no seu todo. Estas conclusões serão discutidas mais adiante e tornar-se-á evidente que este estudo de investigação contribui de alguma forma para preencher a lacuna de conhecimentos em torno desta disciplina.

## 4.2 O papel do assistente geral

O papel de um assistente geral é essencial para prestar um serviço e um ambiente eficientes e seguros, tanto para os utentes como para o pessoal, nos centros de tratamento de toxicodependência em que trabalham. São a linha da frente e são as primeiras pessoas que qualquer indivíduo encontra quando entra nos centros de toxicodependência. A responsabilidade de prestar um serviço profissional e sem juízos de valor a todos os utentes é conseguida através do empenho dos assistentes gerais. As tarefas físicas que são exigidas a estes assistentes gerais, quer se trate da supervisão de análises de urina, da monitorização das áreas de espera ou da garantia de que os utentes são encaminhados para as consultas, são desempenhadas de forma eficaz e profissional. As interações estreitas, tal como referido nos resultados, os

As relações que os assistentes gerais têm com os utilizadores dos serviços começam logo que entram pela porta. Formam-se relações que vão para além do âmbito do trabalho descrito na Política e nos Procedimentos. Como afirma Wylie (2010), os utilizadores dos serviços valorizam uma atitude positiva para com eles e a empatia, a ausência de juízos de valor, a qualidade da interação e a disponibilidade do pessoal são consideradas importantes e constituem a pedra angular de um bom Assistente Geral. O cumprimento deste papel é importante para todos os membros da disciplina dentro do serviço.

No decurso das entrevistas, tornou-se evidente que as relações estreitas e íntimas formadas entre o Assistente Geral e os utilizadores dos serviços eram reconhecidas pelo próprio pessoal e que a responsabilidade pelo utilizador dos serviços recaía, em parte, sobre os seus ombros. Todos os assistentes gerais reconheceram a importância e o efeito que o seu papel tem sobre os utentes ao seu cuidado. A intervenção em situações de crise por parte dos assistentes gerais no andar foi discutida e é uma ocorrência quotidiana, o que mostra como os laços podem ser estreitos. Ao longo dos anos de serviço de cada membro do pessoal, cada um deles forjou relações profissionais com os utilizadores dos serviços. Através das descobertas, o interesse pelo bem-estar dos utilizadores dos serviços ultrapassa por vezes o interesse profissional, mas, ao mesmo tempo, os limites éticos profissionais nunca são violados, para segurança de ambas as partes. Os assistentes gerais preocupam-se com o que acontece aos utilizadores dos serviços e esse é um papel importante a desempenhar na vida de um indivíduo vulnerável, mas é bem-vindo.

## 4.3 Fazer parte da equipa multidisciplinar

Fazer parte de uma equipa multidisciplinar responsável pelos cuidados médicos de um grupo marginalizado é uma grande responsabilidade. A forma como os assistentes gerais sentem que são vistos por outras disciplinas no seio dessas equipas trouxe algumas conclusões interessantes. A relação próxima que os assistentes gerais têm com os utentes dos serviços proporciona-lhes invariavelmente um maior conhecimento das circunstâncias individuais, sejam elas médicas ou outras, do que outras disciplinas, mas esta relação não é sentida como sendo reconhecida ou mesmo respeitada por outras disciplinas. No que diz respeito à forma como eles, enquanto disciplina, são vistos, os participantes sentiram que eram apenas vistos como seguranças, como responsáveis pela recolha de urina, e não muito mais do que isso, e estes sentimentos davam a sensação de serem subestimados. Sem os Assistentes Gerais, o número de incidentes graves nos Centros de Toxicodependência aumentaria drasticamente, mas, mesmo assim, um participante sentiu que cabia sempre aos Assistentes Gerais acalmar as situações com clientes agressivos e violentos, quando, na verdade, era política de todas as disciplinas comparecerem no local de um incidente para garantir a segurança de todo o pessoal e mostrar solidariedade. Não foi este o caso na sua experiência.

Os assistentes gerais sentiram que o serviço estava a perder a sua relação com os utentes e que poderiam ser mais utilizados em benefício do serviço. Alguns dos centros de toxicodependência eram reconhecidos como tendo uma excelente abordagem de equipa multidisciplinar, mas noutros sentia-se que eram mais liderados por G.P. e os assistentes gerais eram vistos apenas como segurança. Um participante sentiu que, em relação às reuniões da equipa multidisciplinar, não se confiava aos assistentes gerais os conhecimentos médicos dos utentes dos serviços que poderiam ser discutidos, enquanto outro sentiu que a equipa tomava decisões que invariavelmente afectavam os assistentes gerais e, por vezes, a sua segurança, sem o seu conhecimento. Estas conclusões relativas às emoções negativas no seio de uma equipa multidisciplinar são apoiadas por Bogo, Tufford & King (2011), que afirmam que, quando a equipa é colaborativa, os sentimentos de isolamento diminuem e a satisfação profissional aumenta. Duranisingham, Pidd & Roche (2009) também apoiam este ponto de vista quando afirmam que os trabalhadores que relataram baixos níveis de apoio no local de trabalho também relataram baixos níveis de satisfação no trabalho e altos níveis de stress no trabalho.

4.4  Aspectos negativos do trabalho

Ao longo deste estudo de investigação, a revisão da literatura e os resultados das entrevistas trouxeram à tona o quão negativo pode ser o trabalho nos Centros de Dependência. Os participantes consideraram que muito poucos utilizadores do serviço saíam do tratamento livres de opiáceos e de metadona, o que foi considerado um dos aspectos negativos do serviço como um todo. Embora todos os participantes soubessem que os utentes do serviço eram um grupo vulnerável e marginalizado, os níveis de violência e abuso sofridos pelos assistentes gerais mostram por vezes o impacto negativo que o trabalho pode ter. A prestação de cuidados a indivíduos não deveria ser acompanhada do nível de abuso que o pessoal dos centros de toxicodependência recebe.

Lipscomb et al., (2012) definem a violência no local de trabalho como "actos violentos, incluindo agressões físicas e ameaças de agressão, dirigidos a pessoas no trabalho ou em serviço" (p.47) e afirmam que, nos Estados Unidos, os serviços de cuidados de saúde constituem 60% do total de números comunicados anualmente. As conclusões revelam que os incidentes de abuso verbal, as ameaças graves à segurança pessoal e os actos de violência física, incluindo pontapés, asfixia, murros, facadas e cuspidelas, são todos horríveis, mas os homens e mulheres da disciplina de Assistente Geral lidam com estes incidentes com demasiada frequência. No decurso das entrevistas, um aspeto que veio à tona foi o facto de os homens estarem envolvidos em mais incidentes violentamente agressivos do que as mulheres, mas de as mulheres serem vítimas de mais agressões verbais.

Os participantes também sentiram que o facto de verem os utentes a passar por momentos emocionais e caóticos nas suas vidas também agravava o facto de o serviço ser por vezes negativo e, em parte, esta parecia ser uma das razões pelas quais os incidentes de abuso e agressão eram de alguma forma aceites. Todos os participantes estavam conscientes do facto de que, no decurso do seu trabalho, se tinham institucionalizado de alguma forma, devido ao nível de tolerância que agora têm em relação a incidentes graves. Os participantes reconheceram que os utentes dos serviços que acedem ao tratamento podem ser voláteis e agressivos e que muitos deles estiveram envolvidos em crimes graves no Estado, o que agrava os aspectos negativos vividos pelos assistentes gerais quando se trata de cumprir os seus deveres numa base diária, confrontados com tal adversidade.

4.5  Stress associado ao trabalho e aos serviços de apoio

O stress desempenha um papel importante na vida profissional de um assistente geral. Todos os participantes responderam afirmativamente quando lhes foi perguntado se alguma vez tinham estado stressados em relação ao seu trabalho. Desde ver crianças a serem tomadas a cargo pelos serviços sociais, passando por incidentes de agressão violenta, até ver utilizadores vulneráveis dos serviços em estado de sofrimento físico ou emocional, tudo isto contribui para o stress que os assistentes gerais sentem. Sheridan, Barnard & Webster (2011) referiram a quantidade de stress que os membros das profissões de cuidados sentem em relação ao seu trabalho. Para aliviar este stress e ajudar os membros do Serviço de Apoio à Dependência a lidar com os efeitos do stress, existem serviços de apoio à sua disposição.

Os serviços de apoio são essenciais para qualquer indivíduo na manutenção de um estado de saúde. A acessibilidade destes serviços foi reconhecida pelos quatro participantes que sabiam da sua existência, mas houve sentimentos contraditórios relativamente à sua utilização. Um dos participantes considerou que o conselheiro em questão não compreendia verdadeiramente a sua situação e que a experiência não foi tão útil como poderia ter sido. Outros participantes consideraram que o acesso ao serviço foi muito benéfico para o seu próprio bem-estar e que se tratava de um serviço valioso. O estigma que envolve o acesso ao serviço e a forma como um indivíduo é visto pelos colegas é uma constatação preocupante. A proteção da saúde mental e do bem-estar de uma pessoa não deve ser vista de forma negativa.

As perguntas sobre o apoio dos gestores diretos acima dos assistentes gerais foram respondidas com sentimentos variados. Um participante sentiu que o seu superior hierárquico direto o apoiava totalmente, enquanto outros participantes sentiram que o apoio não existia e que isso, por si só, precisava de mudar, e de facto estava a mudar. No decurso das suas funções de assistentes gerais, os participantes sentiram que, no que diz respeito à frequência dos incidentes ocorridos, poderia ser criada uma estrutura de apoio mais adequada.

4.6 Trabalho emocional

Os assistentes gerais, pelo seu próprio emprego, envolvem-se em trabalho emocional. Eles mercantilizaram as suas capacidades de prestação de cuidados e começaram a trabalhar numa profissão de prestação de cuidados e levam o seu papel a sério. Como Gray (2009) afirma em relação ao trabalho emocional, este requer "o contacto cara a cara ou de voz com o público; requer que o trabalhador produza um estado emocional no outro; permite que o empregador, através da formação e supervisão, regule um grau de controlo sobre as actividades emocionais dos trabalhadores" (p.349). Como já foi demonstrado na análise da literatura e nas conclusões, todos os participantes se envolvem em trabalho emocional e provocam respostas emocionais dos seus utilizadores de serviços.

Theodosius (2008) afirma que grande parte do trabalho emocional é invisível e, em grande parte, não é reconhecido e, mesmo durante o processo de entrevista, os Assistentes Gerais, quer compreendam plenamente as suas acções ou não, empenharam-se neste trabalho dia após dia através da sua intervenção em situações de crise, do seu apoio, dos cuidados que demonstram e do respeito e compaixão que dão aos utentes dos serviços que acedem ao tratamento. Apesar de todos os incidentes negativos em que estiveram envolvidos e que a função tem, todos e cada um dos participantes neste estudo disseram que gostavam ou adoravam o seu trabalho. Cada participante queria fazer mais pelos seus utentes, tentava todos os dias ter um impacto positivo na vida dos seus utentes e tentava mostrar aos seus utentes que não era apenas mais um "toxicodependente", mas um indivíduo. Muito disto foi feito através do humor e as atitudes amigáveis e sem julgamento que os participantes têm com os utilizadores dos serviços é o que faz com que a relação íntima de trabalho funcione tão bem.

O que resultou das entrevistas foi que a relação entre o Assistente Geral e o utilizador do serviço é única, na sua intimidade e nos laços de confiança que crescem, e é como nenhuma outra dentro do serviço, o que só pode beneficiar o tratamento do utilizador do serviço. Um dos participantes sentiu que queria fazer mais pelos utentes, outro sentiu que o que o mantinha na função era o facto de poder ter um impacto positivo na vida de alguém e, esperemos, fazer a diferença. Estes dois pequenos exemplos mostram até que ponto os assistentes gerais estão envolvidos no trabalho emocional, quer seja inconscientemente ou não.

4.7 Formação e alterações a introduzir na função

No que se refere à formação, todos os participantes consideraram que poderia ser mais ministrada. A formação em Intervenção de Prevenção de Crises e Dignidade no Local de Trabalho foi reconhecida como sendo benéfica para a função, mas não foi suficiente. No que diz respeito aos utentes dos serviços, os participantes sentiram que não tinham formação adequada para lidar com indivíduos afectados por cocaína, heroína, drogas psicotrópicas, benzodiazepinas, drogas "head shop", crystal meth e álcool. Lidar com utentes dos serviços que tinham problemas graves de saúde mental foi também uma grande preocupação, dada a falta de formação existente. Quaisquer que sejam as respostas dadas pelos Assistentes Gerais ao entrarem em contacto com indivíduos afectados por qualquer um dos problemas acima mencionados, elas não foram dadas com base num manual de formação ou num dia de formação, mas sim com base na experiência pessoal e no conhecimento do trabalho. Tal como foi referido nas conclusões por um participante, houve um aumento do número de incidentes violentos nos últimos anos, na sua perspetiva, e a sensação é que a formação ministrada deve refletir este facto. Estas conclusões foram apoiadas por Fabianowska & Hanlon (2014), num estudo realizado com indivíduos que trabalhavam em tratamentos de redução de danos.

A formação e a melhoria das competências dos assistentes gerais também poderiam ser utilizadas no tratamento global do utente. Sugestões de assistentes gerais que desempenhem algum tipo de função-chave de trabalho, função de gestor de clínica, função de oficial de intervenção em crise, ou como contacto oficial dentro de um centro de toxicodependência para os utentes que tenham uma queixa ou um problema com um membro do pessoal. Todas estas são possibilidades que podem ser consideradas para maximizar a experiência e a dedicação dos assistentes gerais do serviço.

4.8 Limitações

As limitações que este estudo enfrentou foram as restrições de tempo, a dimensão da amostra e a falta de investigação especificamente relacionada com os assistentes gerais. O tempo necessário para efetuar uma análise temática qualitativa adequada e produzir um estudo de investigação abrangente é imenso e esta foi a principal limitação no que diz respeito à realização desta investigação. O processo de entrevista produziu entrevistas que variaram entre vinte e dois minutos e uma hora e trinta e seis minutos e a transcrição destas foi uma tarefa enorme. Olhando para trás, considera-se que a imposição de restrições de tempo no processo de entrevista poderia ter permitido uma maior dimensão da amostra, mas, em alternativa, poderia não ter produzido uma riqueza tão grande de dados. Embora houvesse material de investigação relacionado com o pessoal da linha da frente noutras disciplinas, a falta de material de investigação especificamente relacionado com a disciplina de Assistente Geral foi também uma grande limitação. Se forem efectuados estudos futuros sobre esta disciplina, talvez este estudo de investigação possa ser útil.

4.9 Sugestões para investigação futura

Em relação a novas investigações sobre a disciplina de Assistente Geral, seria benéfico para o Serviço de Dependência como um todo explorar de forma mais abrangente a relação entre o pessoal e o utilizador do serviço. Esta relação surgiu em todos os temas explorados e o seu impacto nos assistentes gerais, nos utentes e no serviço deve ser explorado com vista a maximizar o seu potencial e benefícios para o tratamento. No futuro, poderia obviamente haver uma amostra maior de assistentes gerais para abranger experiências e sentimentos mais pessoais dos homens e mulheres que desempenham as suas funções com tanto profissionalismo. Uma amostra de maior dimensão também permitiria obter resultados mais baseados no género e explorar mais profundamente os efeitos positivos e negativos do papel, bem como aprofundar as tensões sentidas pelos assistentes gerais.

# CAPÍTULO 5

## Conclusão

O objetivo deste estudo de investigação era explorar e averiguar os factos que rodeiam o papel dos Assistentes Gerais no Serviço de Toxicodependência do H.S.E.. Através da compilação de material de investigação para a revisão da literatura, não foi encontrado nenhum material especificamente relacionado com o papel do Assistente Geral, mas as comparações com as experiências de outras disciplinas da linha da frente foram muito semelhantes, pelo que os dados são relevantes na sua essência. O processo de entrevista reuniu uma grande riqueza de conhecimentos de indivíduos que não têm oportunidade de expressar as suas opiniões, que muitas vezes não são ouvidas, e os temas: o papel do Assistente Geral; fazer parte da equipa multidisciplinar; aspectos negativos do trabalho; stress associado ao trabalho e aos serviços de apoio; trabalho emocional; e formação e mudanças que poderiam ser feitas no trabalho, todos exploram os factos, sentimentos e impacto que o trabalho como Assistente Geral tem nos indivíduos.

O negativismo que por vezes rodeia o serviço e os incidentes abusivos, agressivos e por vezes violentos que ocorrem nos Centros de Toxicodependência têm um grande impacto no pessoal, mas cada indivíduo cumpre o seu papel. Os assistentes gerais fazem parte do campo da prestação de cuidados e compreendem que os utentes do serviço são indivíduos marginalizados, em risco, com problemas e dificuldades, e é esta compreensão e empatia que garante que, independentemente dos sentimentos pessoais que surjam, os assistentes gerais do Serviço de Apoio à Dependência se comportarão com profissionalismo e compreensão. Eles são os homens e as mulheres que estão no centro de cada Centro de Toxicodependência e o seu papel deve ser reconhecido pelo papel crucial que desempenham na criação de um ambiente seguro tanto para o pessoal como para os utentes.

# Referências


Bogo, M., Patterson, J., Tufford, L. & King, R. (2011). Apoiar o desenvolvimento profissional e a satisfação profissional dos profissionais da linha da frente no domínio da saúde mental e da toxicodependência. Journal of Interprofessional Care, 25(3), pp. 209-214. doi: 10.3109/13561820.2011.554240

Department of Community, Rural and Gaeltacht Affairs (2009). Estratégia nacional de luta contra a droga (provisória) 2009-2016                                                    .            Obtido   em   10   de novembro de  2014, de
www.drugsandalcohol.ie/12388/1/DCRGA Estratégia 2009-2016.pdf

Duranisingam, V., Pidd, K. & Roche A. M. (2009). The impact of work stress and job satisfaction on turnover intentions: A study of Australian specialist alcohol and other drug workers. Drogas: *educação, prevenção e política.* 16(3) pp. 217-23.

Fabianowska, J. & Hanlon, N. G. (2014). Trabalho emocional na prática de redução de danos na Irlanda: Um estudo exploratório. *Jornal Irlandês de Estudos Sociais Aplicados.* 13(1), pp. 52-65.

Giddens, A. (2009). Sociology. Cambridge, Reino Unido: Polity.

Gray, B. (209). Trabalho emocional, estereótipos profissionais e de género do contacto emocional e físico, e perspectivas pessoais sobre o trabalho emocional da enfermagem. *Journal of Gender Studies.* 19(4), pp. 349-360.

Hagan, P. (2014). Na linha da frente da dependência. *Chemist Druggist,* 280(6897), pp. 30-30.

Haralambos, M., & Holborn, M. (2008). *Sociologia: Temas e perspectivas.* Londres: Collins.

Hennick, M., Hutter, I. & Bailey, A. (2011). *Qualitative Research Methods.* Londres: Sage.

Lipscomb, J. A., London, M., Chen, Y.M., Flannery, K., Watt, M., Geiger-Brown, J., Johnson, J.V. & K. McPhaul (2012). Clima de segurança e prevenção da violência no local de trabalho em centros de tratamento de toxicodependência residenciais geridos pelo Estado. *Work 42,* pp. 47-56. DOI 10.3233/WOR-2012.1330

Lynch, K. (2007). Love Labour as a distinct and non-commodifiable form of care love. *The SociologicalReview,*55(3).P.550-570.
doi:10.1111/j.1467-954X.2007.00714.x

Mason, J. (2002). *Qualitative Researching (2ᵈ ed.).* Londres: Sage

Murphy, D. (1998). Uma introdução ao papel de um Assistente Geral num contexto clínico.

Ni Riain, A.& Grassby, P. (n/a). O Protocolo de Metadona na Irlanda. *OMS - Centro de Colaboração para Hospitais e Promoção da Saúde.*

O'Donnell, D., Livingston, P. M. & Bartram, T. (2012). Actividades de gestão de recursos humanos na linha da frente: A nursing perspective. *Um jornal para a profissão de enfermagem australiana.* 41(2), pp. 198-205.

Theodosius, C. (2008). *Emotional labour in health care the unmanaged heart of nursing (Trabalho emocional nos cuidados de saúde - o coração não gerido da enfermagem).* London: Routledge.

Sheridan, J., Barnard, M. & Webster, S. (2011). Influences on the provision of drug services in England: the experiences and views of front line treatment workers [Influências na prestação de serviços de toxicodependência em Inglaterra: experiências e pontos de vista dos trabalhadores da linha da frente]. Health and Social Care in the Community,19(4),pp.403^11.
doi: 10.1111/j.1365-2524.2011.00990.x

Wylie, L. W. J. (2010). Avaliar as percepções dos utilizadores sobre os requisitos de formação do pessoal na força de trabalho em matéria de consumo de substâncias: A review of the literature. Drogas: educação, prevenção e política. 17(5) pp. 618631. doi: 10.3109/09687631003705538.

Zogmaister, C., Roccato, M. & Borra, L. (2013). As atitudes implícitas e explícitas dos profissionais de saúde em relação aos viciados em drogas predizem absenteísmo e trabalho extra. *Psicologia* Social Básica e Aplicada, *35.* pp. 191-199. doi: 10.1080/01973533.2013.764300

# CAPÍTULO 6

## APÊNDICES

### Appendix 1   - Carta de informação aos participantes

Conor Breen,

Assistente geral,

Centro de toxicodependência de Castle Street,

37 Castle Street,

Dublim 2.


27/11/14


Caros colegas,

Estou atualmente no quarto e último ano de uma licenciatura em Ciências Sociais na Dublin Business School e estou a formular e a escrever a minha tese. A base da minha tese somos nós, os Assistentes Gerais do Serviço de Toxicodependência na zona de Dublin.


A questão de investigação para a minha tese é: "Que impacto tem o trabalho na linha da frente da manutenção com metadona no pessoal assistente geral dos centros de toxicodependência na área de Dublin?


Penso que um estudo como este seria útil no que diz respeito à nossa disciplina e que a informação obtida a partir dele poderia, de alguma forma, evidenciar problemas e contribuir para melhorar o nosso papel no seio da equipa multidisciplinar.

O que eu procuro é a vossa ajuda. O meu objetivo é realizar 10 entrevistas individuais, com início em janeiro, que durarão aproximadamente 45 a 60 minutos. Tenho consciência de que o tempo fora do trabalho é um bem precioso para as pessoas e farei o meu melhor para acomodar o seu horário, seja à noite ou aos fins-de-semana. Agradeceria muito qualquer ajuda neste domínio.


Em anexo, encontra-se uma cópia da minha proposta de investigação e, se estiver interessado em colaborar ou se tiver alguma dúvida ou questão relacionada com a entrevista, não hesite em contactar-me.


Com os melhores cumprimentos,


Conor Breen

Tel: 01 - 4767030

Telemóvel: 087 - xxxxxxx

Correio eletrónico: conor.breen@hse.ie

## Appendix 2   - Formulário de consentimento do participante

Um estudo qualitativo sobre o pessoal do serviço de apoio à toxicodependência: Uma história da linha da frente

O meu nome é Conor Breen e estou a realizar uma investigação que explora o efeito que o trabalho na linha da frente de um Centro de Tratamento de Manutenção de Metadona, como Assistente Geral na área metropolitana de Dublin, tem num indivíduo. Este estudo tem como objetivo determinar o impacto que o trabalho tem nos Assistentes Gerais e procurará, de alguma forma, preencher a lacuna de conhecimentos relativos a esta função.

É convidado a participar neste estudo e a sua participação implica uma entrevista que durará cerca de 40 minutos.

A participação é totalmente voluntária, pelo que não é obrigado a participar. Se participar e alguma das perguntas suscitar sentimentos difíceis, não é obrigado a responder a essa pergunta e/ou a continuar a entrevista.

A participação é confidencial. Se, após a entrevista ter sido concluída, desejar que a sua entrevista seja retirada do estudo, tal pode ser aceite até à publicação do estudo de investigação.

A entrevista e toda a documentação associada serão guardadas de forma segura e armazenadas num computador protegido por palavra-passe.

É importante que compreenda que, ao preencher e enviar a entrevista, está a consentir em participar no estudo.

Para mais informações sobre a investigação, contactar

Sr. Conor Breen (cjacer51@outlook.com) ou Sr. Tom Prenderville (tom.prenderville@dbs.ie)

Obrigado por participar neste estudo.

Assinatura do participante: _________________________ Data: _________________________

# Appendix 3    - Questionário do participante

1.  Pode dizer-me a sua idade?

2.  Há quanto tempo trabalha no serviço de toxicodependência?

3.  Como definiria o seu papel de Assistente Geral?

    Deveres? Expectativas? Que traços de personalidade acha que fazem um bom G.A.?

4.  Gosta do seu trabalho?

    O que é que lhe agrada?

5.  Como pensa que os Assistentes Gerais são vistos pelas outras disciplinas da Equipa Multidisciplinar?

6.  Alguma vez esteve envolvido num incidente que o tenha feito sentir-se bem com o seu trabalho?
    Pode dar-me um ou mais exemplos?

7.  Já alguma vez teve alguma situação em que não gostasse do seu trabalho?
    Pode dar-me um ou mais exemplos?

8.  Considera que os seus limites pessoais são respeitados pelos utilizadores do serviço?

9.  Alguma vez esteve envolvido num incidente em que se sentiu abusado/ameaçado/violado?
    Em caso afirmativo, pode dar-me um ou mais exemplos?

10.  Como é que estes incidentes foram resolvidos? A ação resultante foi satisfatória para si?

11.  Sente que é apoiado no seu trabalho pelos seus colegas de todas as disciplinas?

    Protocolo relativo aos incidentes? Os G.A. são deixados a tratar dos problemas?

12.  Sente que é totalmente apoiado pelos seus superiores hierárquicos?

13. Alguma vez se sentiu stressado em relação ao seu trabalho? Pode dar-me alguns exemplos?

14. Já alguma vez sentiu vontade de se despedir do seu emprego devido a algo que aconteceu no local de trabalho?

15.  Sabe que existem serviços de apoio no âmbito do Serviço de Apoio à Dependência?

    Saúde no trabalho - aconselhamento/ pessoal de enfermagem/ médico

16. Alguma vez sentiu a necessidade de recorrer a eles em relação a um incidente no trabalho ou a um problema pessoal?
(não é necessário fornecer pormenores, a menos que o participante deseje divulgá-los) Em caso afirmativo, considerou-os eficazes?

17. Tem dificuldade em desligar-se do trabalho quando termina o dia?
Pode dar-me alguns exemplos de quando/por que razão isto pode acontecer?

18. Considera que os incidentes positivos/negativos que ocorrem no trabalho o afectam fora do trabalho?
Em caso afirmativo, pode dar-me um exemplo?

19. Já alguma vez teve interações positivas/negativas com utilizadores de serviços fora do trabalho? Em caso afirmativo, pode dar-me um exemplo?

20. Sente que tem ambivalência em relação ao seu próprio papel?
Sentimentos contraditórios em relação ao trabalho e aos seus sentimentos em relação aos utilizadores dos serviços? Ama/ detesta; respeita/ não gosta??

21. Se houvesse algo que pudesse mudar na sua função, o que seria?

22. Considera que a formação que recebeu é benéfica para a sua função?

23. Considera que poderia haver mais formação ou mais oferta?

24. Imagina-se na sua posição atual dentro de 5 anos?

25. Se pudesse alterar a função de Assistente Geral, quais seriam essas alterações?

## Appendix 4    - Carta de autorização do supervisor

Tom Prenderville Coordenador de
Investigação Dept. de Ciências Sociais
Dublin Business School

10th novembro de 2014.

Caro(a) Senhor(a),

**Re: Autorização para efetuar uma investigação primária sobre as consequências para o pessoal dos assistentes gerais (GA) do trabalho na linha da frente da manutenção com metadona na zona de Dublim.**

Conor Breen está inscrito como estudante do último ano de Ciências Sociais na Dublin Business School. Os estudantes de Ciências Sociais da DBS são obrigados a realizar um projeto de investigação independente durante o último ano de estudo. O projeto de investigação do último ano de Conor tem como objetivo analisar o impacto que o trabalho na linha da frente da manutenção da metadona na área de Dublin tem sobre o pessoal dos Assistentes Gerais (GA).

Todos os trabalhos de investigação realizados pelos estudantes do último ano têm como objetivo cumprir os requisitos do curso. Todos os resultados obtidos são <u>estritamente confidenciais</u> e serão utilizados para avaliar as qualificações do aluno investigador para a obtenção de uma licenciatura em Ciências Sociais. Conor pede autorização por escrito, o mais rapidamente possível, para recolher dados de investigação.

Para quaisquer questões relativas a esta investigação, contactar Tom Prenderville, Coordenador de Investigação, Programa de Ciências Sociais, Dublin Business School. Conor (187breen@gmail.com) pode também fornecer mais pormenores sobre a forma como irá conduzir o seu estudo de investigação. Obrigado pelo vosso tempo.

Com os melhores cumprimentos,

Sr. Tom Prenderville | Tel: 01 4178737 | Email: tom.prenderville@dbs.ie

Printed by Books on Demand GmbH, Norderstedt / Germany